離桌武士

黃登漢 著

目錄 CONTENTS

【推薦序一】

「引人入勝的眞實版童話故事，從故事中角色的行爲與感受，去理會現實生活中樣貌。」

蔡宇哲／台灣應用心理學會理事長

【推薦序二】

人在生命中一直是個武士

當在幼兒爬行的當下，正昂首面對生命中無數的挑戰的開始

青春不羈的日子裡，徬徨著人生戰場的選擇

進入職場後如戰場的武士，征戰無數

人生到底爲了什麼？
常被一連串的挑戰而把自己放在腦後
婚姻、兒女、社群、老去的上一代
沒有一個不是武士揮劍舞台外的必然框架
黃校長的離桌武士道出了人生舞台每個武士的內心
書中更尋求人生的意義層面，給迷惑者一盞燈
以輕鬆說故事方式，容易閱讀，給讀者內化

在門診曾經面對一位高階退下戰場的武士
他的夫人說進他的房間還要喊報告，才能入內
去菜場買菜要先寫採買申請，他要先批個「准」字
後來這位戰士，很快的抑鬱成疾
他並沒有做好離開原來戰場的準備
還虛擬的活在不實際的冥想世界之中
當時門診應該送他這本書，一定有很大的幫忙
黃校長的書其實就是人生良藥，給生命一個意義
可以給很多的人生戰士一個心理層面的開釋

賴向榮/高雄長庚醫院神經內科主治醫師

【推薦序三】

這是一本會讓你讀入內心的大人童話故事，讓你看見生命的境遇轉變如何帶來人心的困頓，同時又如何一點一滴啓動內在轉化困境的力量。實在精彩，富有意義。

蘇絢慧／諮商心理師・作家

【自序】

讓自己活得明白一些！

生活的目的在追求生命的意義，但是我們在追求生命意義時，卻不知不覺地淪於努力不懈只爲了達成生活的目的。

生活並不簡單，日日忙碌著柴米油鹽，爲了要過好生活，於是埋頭苦幹往前衝，一步一步全力向上爬。

追求成功，追求成就，想要名，想要利，名利無止境，慾望沒盡頭，只好自我催眠說這就是生命的價值。

世界有些複雜，人人奮力往上爬，有人在高處，志得意滿，卻不知道這一路上腳底下踩了多少人？

我們每一個人都是人生的武士，爲自己奮鬥，爲家人戰鬥！但是這戰場很殘酷，一個錯誤的選擇，生命便赤裸裸地在面前，演出無可抗力無法挽回的悲劇。「後悔」是字典裡最沉重，卻也是最常用的詞。但人生不能重來，不能倒轉，所有的錯誤，都無法彌補，後悔只有莫及和遺憾。

請不要把人生的一切當成理所當然！如果盲目地活著，其實是對自己生命的不尊重。在做選擇和決定時，能不能多一些思考，體會，珍惜，讓自己活得明白一些。

【楔子】

每個人都是人生的武士，爲自己戰鬥，爲家人戰鬥，爲理想戰鬥。

可是人生沒有那麼簡單，不要以爲只要認眞努力就可以。

武士

他是一位武士，身材高大，身手敏捷，劍術高超，箭法精準，是武士行業中的高手，總是能圓滿達成任務。從年輕的時候開始，就一次又一次地展現他的專業能力，建立了很多的功績，賺取了很多的金錢財富，所以他買了漂亮豪華的大城堡，讓他的妻子和孩子可以過著富足又舒適的生活。在大家看來他就是一個成功的武士。

他曾經四處奮勇征戰，曾經出遠門征服蠻邦，曾經到深山打敗惡龍，曾經上高塔救了公主，有太多太多的曾經。多年以來為這國家立下的汗馬功勞，數都數不完，說都說不盡，所以連他都感覺自己是一個勇敢又偉大的武士。

武士一向很自豪自己的人生，沒有什麼不能解決的問題，沒有什麼不能克服的困難。在他的經驗中，所有要追求的目標都是輕而易舉，一切要做的事情都是輕鬆又順利。他滿意他的工作，他滿意他的家庭，他滿意他的生活，他對他的人生非常的滿意。

但是在這年的春天，一場瘟疫發生而且快速擴散蔓延，整個世界，每個國家都受到了影響，很多人染病了，不少人死亡了。瘟疫讓大家驚慌失措，所以人們減少出門，不敢聚會，可以說每個人的生活都受到了影響。而武士們原本很多的任務都凍結了，無法作戰，無須出征，工作的內容只剩下在皇宮巡弋，有時是守衛，有時甚至只是在一起聊天閒扯。可是，他仍然覺得自己盡忠職守，責任重大。

作爲一位武士，他喜歡著這種被需要的感覺。

第一章

人生

你一直走在路上，
但是根本不知道路通往哪裡。

人生所有的問題都在自己，只有自己

能夠拯救自己。

到了夏日的某一天……。

國王宣布裁減五十%的員工，武士在名單上。

他不能接受，立刻對國王說：「我身強力壯武藝高強，我可以與惡龍搏鬥。」

國王皺著眉頭說道：「因爲瘟疫的影響，已經沒有龍的蹤跡了。」

武士急忙說：「我還可以救公主。」

國王搖搖頭：「壞消息是沒有公主需要被救援。」

「樹大有枯枝，人多有白痴。」國王說著：「工作量少了，我們必須要裁員。」

武士難過地說：「你說我是白痴？」

國王解釋著：「不！我是說樹大需要修剪樹枝。」

從此以後，不管是圓桌或是方桌的會議，都不會再有武士他了。

國王大聲地說：「要恭喜你，也謝謝你了。」

武士哀求地說：「可是，我想要工作。」

國王扳著臉嚴肅地說：「這不是針對你個人，我們各部門都在進行裁員，事情少了，工作量少了，我們養不了那麼多人員。沒有辦法，這是不得不的策略，而且我們已經按照規定給了你一筆優渥的遣散費，讓你養老。」

武士低聲地說：「那筆錢不知道能不能養到老？」

國王還是很嚴肅地回答：「那是你的事情，因爲我們也不知道你會活多老。」

從此，一切都改變了。

武士不用再早起，不用工作了，面對這樣的情況，他不習慣，他不適應，他不知如何是好。

他不想改變。每天還是一樣習慣著，天還沒亮就起床，但卻只能坐在城堡的客廳裡不斷擦拭著盔甲和寶劍，可是那擦得發亮的寶劍和盔甲，閃閃的光芒照在他臉上，反而像是一種嘲弄。

武士說：「我不喜歡這樣的感覺。」沮喪的他走到馬廄去看看他的坐騎「奔馳」。現在這心愛的馬兒大部分時間都待在馬廄裡了。

「我對不起你！」武士內疚地說著。他用心地幫「奔馳」洗澡，幫牠梳理刷毛，讓牠的毛色發亮，恢復往日的模樣，他覺得這才是牠應得的待遇。

武士下了決心，拍拍牠的背，拉起韁繩，對著「奔馳」說：「我們出去走走蹓蹓吧！」「奔馳」長嘶一聲「叭！」

好像是謝謝他，就像一對好友一樣，他們又一起出門了。

要去哪裡呢？武士他自己也不知道，只能說是隨意出走，去外頭散散心吧！讓自己放鬆一點，也讓他的寶貝坐騎能夠出去跑跑，舒活舒活筋骨，這對他們兩個應該都是一件好事。

雖然是沒有目的，沒有目標地跑著，但就是有一種很熟悉的感覺。他騎在馬背上，手握著韁繩，兩腿一夾緊，

「奔馳」就飛快地跑了起來。一路上，武士如往常般的哼起歌來，他又感受到像以前一樣的威風神氣。

只是不知不覺地又走上了往皇宮的道路，武士這才發現，長年以來除了往皇宮的路徑，自己對家附近其他道路好像都不怎麼熟悉。

他們倆掉頭回家，路上感到無比的落寞，有著那種眼看太陽下山了，天色逐漸黯淡的感覺。

第二章

命運

你以爲失去了方向，
其實你只是沒有了想法。

跟別人過不去，自己也會過不去。

回到城堡，妻子凱薩琳站在門口等著他。

凱薩琳以詫異的眼神看著他，問著武士：「你去哪裡啊？我做好了早餐卻找不到你人。」

他看著他那曾經很美麗，現在也還好看的妻子，搖搖頭，說著：「我睡不著，出去走走。」

沒想到，凱薩琳毫不留情地說：「你睡不著是因爲你害怕！」

武士覺得自己被羞辱了，他從年輕到現在，身經百戰，從來沒有害怕過什麼。他大聲地說：「我害怕什麼？」

凱薩琳繼續地說著：「你就是害怕！」

武士不能否認，他眞的不知道要做什麼。他以前從來不用思考，一直依賴著經驗和習慣過日子、過生活，從來不用思考。

凱薩琳把這個家打理得很好，不管是家務事還是孩子，都是她一手包辦，他不用操心，不用煩惱。

但是做爲一個武士，他努力地工作，有時還出遠門，建立大功勞，賺得許多獎金，買下了居住的城堡，還更換了好幾次城堡，從小的換成大的。他帶給了家人們榮耀和富足的生活，他們應該要非常慶幸是他的家人。

不過這時，武士只能冷冷地從嘴裡擠出一句話：「我什麼都不怕！」

工作沒了，新的工作很難找，有些事情他根本不會，有的工作太辛苦，有的待遇太低，他只能想著瘟疫趕快結束，一切又恢復正常，可以跟以前一樣。

他發現自己以前的聰明根本是一種愚蠢，所有的計畫和目標，感覺是一步步地建立和達成，沒想到竟然禁不起這樣的變化。一瞬間，方向不清了，腳步錯亂了，完全不知道該怎麼辦。

但日子一天一天過，疫情好像沒有盡頭。

武士不知道要做什麼，他常常一個人在家，常常想著過去，不然就是坐著發愣，他愈來愈不認識自己了。

他已經不是以前的他，但是他也不認識現在的自己。

這是一種錯亂，他從來沒想過人生會變成這樣，原本覺得是一帆風順，怎麼海上突然就起了迷霧，讓人找不到方向。

「我是誰？」他問。城堡的牆壁沒有回答。

「爲什麼？」他抱著頭。客廳的牆壁沒有回答。

「怎麼會這樣？」他好想哭。浴室的牆壁沒有回答。

他開始大量進食，因爲吃東西好像可以讓他安心一點，開心一點。常常沒事就找東西吃，他以爲溫暖了胃就可以溫暖了心，滋養到胃就可以滋養到心。但是事實上並沒有，只有體重不斷地上升，武士開始發胖，變得更不像原來的自己。

接著，他開始失眠常半夜醒來，一次次在床上輾轉反側，徹夜難眠。

第三章

困境

囚禁你的不是別人，
正是你自己。

家人是一體的，如何爭輸贏？贏了也是輸。

這個夜裡，他又無法入睡，但卻像是陷入深沉的夢境之中，一股異常冰冷的感覺，由皮膚逐漸滲進體內，一吋一吋深入，凍僵每一根骨骼。無比的闇黑由四周湧來，模糊他的視線，擠壓他的空間，在他與外界之間築起一道高牆。

他覺得空氣愈來愈稀薄，感到胸口快窒息了，彷彿有一隻詭異的手，揪著他的頭髮，掐著他的心臟，用力拉扯撕裂。他張口想要大聲喊叫，卻發現聲音卡在喉頭，用力也無法傳出去。

終於噩夢過去了，他起了床，走到浴室，面無表情地看著鏡子裡的自己，看著鏡中那個又熟悉又陌生的臃腫中年人！

他像個遊魂。

才覺得認不出鏡子裡的自己，這時，武士突然發現自己好像被塞在一個狹窄又黑暗的空間，只能低著頭，彎著腰，整個身體蜷曲在裡頭，完全不能伸展，連呼吸都有些困難，覺得心頭悶著，非常難過。

黑暗中什麼也看不見，他以為這是另一個噩夢，可是剛剛明明才清醒地下床，走到浴室，怎麼會還是在夢中？難道這是個夢中夢，自己根本沒有醒來過？

然後，在混沌闇黑之中，武士聽到了有著翅膀振動的微小聲音，他想，黑暗很容易讓人產生幻覺，那聲音是真實的嗎？

還在猶豫著。就在這時候，突然有了一個小小的光點，在他的眼前出現了，這個光點竟然是一個長著翅膀的小人。

武士興奮地說：「小精靈！」

小人講話了：「我是小天使，不是小精靈。」

武士說：「那有什麼不同？」

小人指著自己的耳朵，說：「小精靈的耳朵尖尖的，我們天使不是這樣。」

武士的眼力不錯，他說：「可是你的鼻子尖尖的。」

小人不高興地說：「是因爲你說謊說太多了，害我的鼻子變長。」

武士覺得莫名其妙，他說：「爲什麼？我說謊干你什麼事？」

小人嘆了一口氣，說：「因爲我是你的守護天使。」

他仔細看這長著翅膀的小人，眞的長得跟自己小時候很相像，只是鼻子長了一些。這眞是有趣，原來世界上眞的有天使耶。武士希望守護天使能夠幫他趕快解決眼前的困境。

「我被困在這裡了！」武士稍稍挪動被擠壓的身體說著。

「是的！你被困住了。但不是困在這裡，而是困在那裡。」守護天使說得很哲學。

「你這樣講話，我聽不懂，什麼這裡那裡？」武士直接回答。

「我是說，你就算離開這裡，還是困在那裡。你的人生。」守護天使說的確實是哲學。

「我不想管那個，你可以帶我離開這裡嗎？」武士並不想討論他的人生。

「你只想離開這裡，你並沒有要解決自己的問題。」守護天使鼓動著翅膀，在原處飛舞著。

「什麼問題？我哪有問題？」武士不想談這些，他只覺得擠在這裡很難受。

「你就是這樣，我的鼻子又變得更長了，你向來都是用說謊來掩飾自己的脆弱。」守護天使摸著自己的鼻子說。

「我一直都是誠實的，我從不說謊！」武士很堅決。

「天哪！我的鼻子又變長了。直接證明，你剛剛又說了一句謊話。」守護天使尖叫著說。

武士心中有著一個大問題，他不想談鼻子的事情，立刻又轉移話題，他稍微挪挪身子，問著：「這是什麼地方？爲什麼這麼狹窄擁擠？」

「這是你的心！」守護天使很明確地說。

「我的心？」武士覺得不可思議。

「因為你太固執，所以把心擠得這麼狹窄。」守護天使更清楚地說。

武士覺得被羞辱了，他很堅決地說：「我不是一個固執的人，我的心胸一向是很寬大的。」

「你充滿了成見，而且不願意改變，總是堅持自己的想法。」守護天使說話很直接明白。

「我的妻子凱薩琳也常說我固執，我不是固執，是堅持，這是一種態度，做人不能輕易放棄和改變。」武士眞的很堅持。

「你根本就聽不進別人的看法，不在乎別人的感受。」守護天使說。

「做事不能半途而廢，堅持是成功的關鍵。」武士說。

「你成功了嗎？你怎麼知道改變不是迷途知返？」守護天使明白地說：「不調整和不改變，難道錯了也不改，要堅持錯到底？你的固執己見讓別人不好過，自己也不會好過。」

「我是擇善固執！堅持對的事情，有什麼不對嗎？」武士大聲地爲自己辯白。

「你根本沒有擇善，你只是固執！」守護天使邊說邊搖頭。

這時候，眼前的牆上竟然出現了「擇善固執」四個白色的字，黑暗中還特別明顯，沒想到，守護天使立刻飛過去，塗掉了「善」這個字，所以只看到「擇×固執」。

第四章

錯覺

固執和堅持在天秤的兩端，
比重相同。

迷路的時候，
應該趁機會認
識這條路。

「你不要急著離開這裡，請問你，離開這裡你又能去哪裡？爲什麼不想想，你怎麼會困在這裡？」守護天使回到了原來的問題。

「我失業了。我不知道要怎麼辦。那我應該怎麼做呢？」武士有點沮喪。

「想一想啊！」守護天使說。

「我沒辦法想啊？這一切都不是我的錯，我無法接受，但又如何？」武士顯然更沮喪了。

「其實你知道怎麼辦，但你要先聽聽你內心的聲音！」守護天使在眼前用力地鼓動著翅膀，說：「這是你離開這裡唯一的方法。」

「聽內心的聲音，怎麼可能？那要怎麼做呢？我什麼都聽不到。」武士說。

「靜靜地傾聽。所以沈默是很重要的。我不吵你了！」守護天使說。

光點消失了，周遭一切恢復黑暗，什麼也看不見的黑暗。非常的安靜，時間不曉得過去了多久，武士覺得除了安靜還是安靜，什麼也沒聽到。

守護天使「咻！」一聲又出現了，武士立刻說：「我什麼也聽不到。到底經過多久了，爲什麼我肚子也不覺得餓？」

守護天使說：「在這裡，沒有白天也沒有黑夜，簡單地說就是沒有時間的感覺，也沒什麼好肚子餓的，你該做的事情不是找東西吃，而是要思考，思考之前，先聽聽自己內心的聲音。」

「我聽不見！」武士說。

「是你不願意聽。當你靜下來，可以聽見你的心跳，感覺到你脈搏跳動，就會聽見你的心對你講話！」守護天使說。

武士沈默了，他除了在緊張或興奮的時候，才會感覺到心跳，其他時候，他沒有在乎過這件事！

守護天使又消失了，武士這次感覺到四周更黑暗，什麼也看不見。索性閉上眼睛，但腦袋裡很混亂，很多事情塞在那裡，同時干擾著他，以前的光榮事蹟，更多更多精采的過去，還有裁員名單和國王無情的表情，不知道經過了多久，他始終無法靜下心來。

他嘆了一口氣，說：「很難！」

守護天使竟然立刻又出現了，說著：「也許我可以助你一臂之力。」

他突然飛快地衝過來，猛力撞擊了武士的額頭，武士感到一陣劇痛，什麼都沒在想了，只感覺好痛好痛。

這倒是新的體悟，原來疼痛可以讓人專注。武士額頭的痛慢慢地減退，但是開始聽到心噗通噗通地跳著。

他什麼都忘了，只專注在自己的心跳聲；什麼也不想了，只有一下又一下的心跳聲陪著他。

黑暗中只有心跳聲。他沒有聽到心在講話，等待又等待，不曉得經過了多久，武士什麼也沒想，就是聽著節奏穩定的心跳聲。

他沒有不耐煩，他真心地想要得到答案，他相信守護天使，也相信心會對他說話。

守護天使說話了：「現在，你想想你的女兒。」他的小手一揮。

很神奇，武士眼前立刻出現了女兒安娜端著食物的景象。那可愛的女兒，曾經很可愛的女兒。想起安娜出生的時候，他欣喜若狂地抱著那小女嬰，感動到落淚。武士也還記得她小時候的模樣，真的就像個小公主一樣，他還常讓她坐在自己寬厚的肩膀上，希望她能夠像蝴蝶一樣快樂飛舞。

但是，不知道她是怎麼長大的，只知道經過這麼多年，她一點也不像蝴蝶了，反而像隻大熊，有著臃腫的身材，還一直吃個不停。原因是她熱愛廚藝、烘焙，總是不斷地烹調、料理食物，品嚐食物，就這樣子，他的小公主完全變了樣。

那天，安娜問他：「爸爸！我愛你！你想吃什麼？」

武士搖頭說：「我沒有想要吃什麼，我是希望妳不要吃那麼多。」

安娜笑著說：「我沒有吃很多。」

武士更加用力地搖頭，說：「可是妳從早到晚吃個不停。」

安娜還是笑著說：「我是爲了試吃品嚐，不然我怎麼可能做出讓人感動、吃了意猶未盡的美食？」

她個性開朗，說話風趣，她有很多朋友，在人群中她總是給大家帶來歡笑，男女老少都喜歡她，雖然她那麼有人緣，但是沒有任何追求者。

武士不喜歡女兒現在這個樣子，他希望她可以安靜些，身材能夠纖細些，要具有女人的儀態和女人的美德，那才是男人想要的。

武士很認眞地說著：「妳只要會做菜就可以了，結婚以後，其他要做的工作還很多。」

安娜更認眞地說著：「我沒有打算要結婚。」

武士激動地脹紅了臉，他說道：「怎麼可以不結婚？女人就應該是美麗的、賢慧的，嫁人之後相夫教子。嫁入一個好人家，才能夠擁有幸福的歸宿。」

安娜說：「我們可以不要爭論這結不結婚的問題嗎？」

武士的想法很簡單，但他原本心目中的小公主，長大竟然如此地不像個女人，那又怎麼可能得到幸福呢？

他脫口而出：「妳這樣子，沒有人會喜歡妳！」

安娜急了，立刻說：「喜歡我的人很多！」接著又說，「也許，我們可以做些不一樣的事情，讓別人快樂，自己也覺得開心的事。」

安娜得意地說：「眞應該讓你看看我有多受歡迎，有多少人愛我。而且讓你知道好吃的東西是有魔力的。」

武士哪能接受這樣的說法，他說：「那些人愛妳，但他們會娶妳嗎？」還接著說：「他們誰能夠給妳幸福？」

「我自己！」安娜說：「我的幸福不用靠別人！」

安娜用力地說：「你眞的不用爲我操心。」

安娜這麼說著，而武士完全不能接受，不能認同，他甚至還因此不開心。

凱薩琳忍不住地說：「女兒已經長大了，她有她的想法，尊重她吧！如果你眞的愛女兒，就讓她自己作主，給她自由吧！」

武士生氣地說：「什麼是自由？」

凱薩琳很溫柔地說著：「你爲什麼要剝奪別人的自由？放手吧！這樣你會比較快樂。」

原本武士並不能接受凱薩琳的說法，但如今自己身處在這左右轉不了身的困境之中，他突然明白了，深嘆了一口氣，他說：「我知道什麼是自由了，我是應該放下，應該改變觀念，其實，我應該試著去傾聽和了解安娜的想法。」

守護天使笑著說：「耶！你進步了，沒錯！還有很多的事情也一樣，你應該多聽聽別人的意見和想法。」

武士說：「我以前總認爲我沒有錯，爲什麼要聽別人的？」

守護天使接著說：「人要改變很困難，放下比較簡單，但是一旦放下就改變了。」

武士又用力地嘆了一口氣，他發現過去自己還眞頑固。

守護天使說：「你更應該去接觸和學習新的事物，這樣子內心才不會硬梆梆地像一塊石頭，總是砸傷別人，壓痛自己而不自知。」

身體被擠壓扭曲著，雖然不是很方便，武士還是點了點頭。

這時突然「登！」的一聲，好清脆的聲響，是金屬斷裂的聲音，而這原本狹小的空間，突然變寬敞了。武士立刻伸展手腳，而且站起來走動，整個人感覺舒服多了。

武士覺得很開心，大聲地問著：「咦！這是怎麼一回事？」

守護天使微笑地說道：「喔！這是捆綁著你心的鐵環迸裂了，你的心胸變大了，因爲你已經放下了成見，不

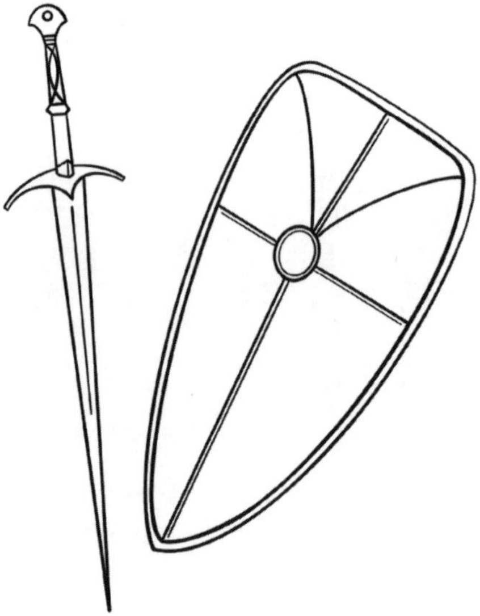

再固執了。」他又說：「空間是相對的，當你可以接受別人的意見和感受，給了別人空間，你自己也就有了足夠的迴旋空間。」

「這感覺太棒了，我喜歡寬敞，原來放下成見之後可以這麼輕鬆。」武士開心地手舞足蹈，但卻還有些疑問，他問守護天使：「可是，爲什麼四周還是這麼黑暗？除了你的身旁有點光亮，其他的東西都看不清楚。」

第五章

盲目

遮蔽你眼睛的不是黑暗，
而是憤怒。

以前覺得看書的都是書呆子，現在知道，不看

書的人才是
呆子。

武士繼續說：「我不喜歡黑暗，什麼都看不見，眞的讓人很不舒服。而且怎麼還有著一陣陣低沉的嘈雜聲。」

「黑暗和那令人不舒服的嘈雜聲響，是因爲你的心中充滿了憤怒，你一直在生氣。憤怒遮住了所有的光線，製造了噪音。」守護天使必須大聲地講話。

「我沒有生氣。」武士也大聲地說。

「你又說謊了。」守護天使更大聲地說。

「我的脾氣很好。」武士努力地大聲地爲自己辯白。

「你不要害我鼻子繼續變長，好嗎？」守護天使接著說：「對於你身邊的人，對於你遭受的事情，你充滿了怒氣和怨恨，你一直不能接受你的遭遇。」

武士潤了潤喉嚨，他激動地大聲說：「好吧！我誠實地說，我對國王生氣，我一直是忠心耿耿，還立下了很多的功勞，他怎麼可以這樣地對待我？」又說：「我對瘟疫生氣，它來得莫名其妙，它影響了我的工作，影響了我的人生，爲什麼這個世界會變成這樣？」

守護天使說：「不只這樣，你甚至對你妻子、女兒生氣！」

武士不接受這樣的指責。「沒有！我沒有生凱薩琳的氣。」

守護天使說：「你其實一直在氣她沒有安慰你，你甚至很生氣她竟然沒有不快樂。」

武士有些不好意思，這時，轟隆隆的嘈雜聲音同時也變小了，他低聲地回答：「你怎麼什麼都知道？我真的很氣，我失業了，她居然好像沒發生什麼事的樣子。」

守護天使努力地發著光，讓武士看得清楚些，說：「不要忘記，我是你的守護天使，我一直都在你的身邊。你發生的每一件事情，我全都清清楚楚。」

守護天使繼續說著：「其實你最氣的是自己，因爲事情的發生，你沒辦法解決，所以你憤怒不已，忿恨著自己。」

聽到守護天使眞心的話語，武士忍不住開始啜泣，哭了起來，而那讓人不舒服的聲響竟然全消失了。

「先原諒自己吧！你不應該生氣，這件事情不是你的錯，你根本不該責怪自己。」守護天使安慰著武士。

「可是？」武士邊流著眼淚邊問。

「原諒所有的人吧！這件事情誰都沒有錯，只是發生了，憤怒並不能處理問題，你要做的只是接受，然後讓憤怒平息，讓你的心可以平靜。」

「我不甘願啊！我不能接受啊！」武士邊哭著邊吼著。

那轟隆隆的嘈雜聲立刻又響起。

「國王應該如何裁員？裁別人沒裁你，那你就開心了？凱薩琳該如何？她難過，你就高興了？瘟疫更不是針對你個人，你的憤怒完全沒有道理。」守護天使必須提高音量說話。

「我就是生氣啊！」武士還是哭吼著。

「憤怒築起了高牆，你以爲自己站在高高的圍牆上，看得很遠，但其實你只是在牆腳底下，它遮擋住了你的視線，讓你看不到事實，也讓你跟人隔離，無法溝通。」

守護天使努力地說著。

停頓了一下，守護天使又高聲地說：「生氣只會矇蔽理智，對事情並沒有幫助，甚至會引發更多的問題，讓情況變得更糟。」

「我不想讓情況更糟。」武士擦著眼淚說。

轟隆隆的聲音又消失了。

「那麼想想你的兒子。」守護天使說。

「爲什麼每次都叫我想家人？」武士說。

「家人是最親密的關係，最能夠相互諒解和信任，如果你連最容易的家人關係都處理不好，連家人都無法認同接受你，那你眞的就是徹底地失敗了。」守護天使說。

「這倒是非常實在的解析。」武士說。

守護天使又把小手一揮，武士眼前立刻出現了前幾天他跟兒子傑克衝突的景象。

他原本希望兒子能跟他一樣，鍛鍊強壯的身體，磨練精湛的武藝，當一個英勇的武士。但是事與願違，兒子長大之後，完全不符合他的期望，竟然努力地想成爲一個了不起的畫家。

想做什麼是另一回事，傑克也身材瘦弱，平日不僅服裝邋遢，鬍子也經常不刮，那個樣子在武士看起來簡直就像是一隻猴子。有時，他眞懷疑這瘦巴巴的人到底是不是自己的兒子。

那天，他忍不住對兒子揶揄地說：「你像隻猴子。」

傑克抗議說：「我是畫家，猴子是不會畫畫的。」

武士搖搖頭，又說：「你雖然會畫畫，但瘦得就像是一隻猴子。」

傑克大聲地回嘴：「你不要說我是猴子，我是一個畫家。」

武士知道傑克說得沒錯，可是他不喜歡被兒子大聲頂嘴。

「我是你爸爸，我就覺得你像猴子。」武士也生氣了。

「我是猴子，你就是猴子的爸。」傑克不甘示弱。

「我是你爸，不是猴子的爸。」武士覺得兒子一再頂撞，太沒有禮貌了。

他們在猴子這無聊的話題，談得很不愉快。

傑克生悶氣，不跟他說話了。

武士更生氣，他覺得兒子不尊敬他。

武士知道自己是深深地愛著孩子，妻子凱薩琳說過：「兒子已經長大了，他長得雖然不像你，但是像我，你可以接受這一點嗎？」

凱薩琳說得沒錯，傑克是像她，個子不高大，而且喜歡藝術和文學。這些都不是他擅長的。但他就是生氣，氣得跟兒子形同陌路，所以傑克也沒有多關心他失業的事情。

守護天使說著：「人生不是用來憤怒和抱怨的，所有的氣憤怨恨，最後都是折磨自己，將自己反鎖在黑暗的牢房內。」

武士沒有不愛他的兒女，他只是不喜歡他們現在的樣子。他失望和沮喪，因爲兒子不像兒子，女兒不像女兒。尤其失業後，所有的重心和焦點轉移回到了家裡，他自己原本以爲成功榮耀的人生，突然都變了調，他一點也不快樂，一點也不開心。

武士的眼淚決堤了，他痛快地放聲大哭了起來。

守護天使說：「你哭的樣子好醜。」

武士才不在乎哭的是什麼樣子，他只想痛快地哭，大聲地哭，自在地哭，已經很久沒有哭過了，根本不記得上次是什麼時候哭的。

守護天使又說：「你不要再哭了，再哭，淚水會淹沒這裡。」

武士繼續嚎啕大哭著，從來沒有這樣地哭過，沒有流過這麼多的眼淚，也不知哭了多久。最後，慢慢地平靜了，他整個人放鬆了，淚水清洗了長久以來的委屈、怨恨、氣憤。

「好極了，你又放下了。」守護天使說。

然後，房間整個亮了起來，眼前一切都可以看得清楚，武士眞是太高興了。好像所有的問題明朗化了，都不是問題了。

「恭喜你，你放下了怨恨和憤怒。眼淚是最好的藥水，它融化了你的假面具，澆熄了你忿恨的火種。」守護天使說。

武士喜歡明亮，讓人可以看得清楚些。守護天使眞的很可愛，跟自己小時候的模樣一模一樣，就是鼻子長了一點。

但是，奇怪的事情又發生了，房間有了光亮，卻是忽明忽滅，閃爍不定。

第六章

恐懼

你一生中一直都害怕的怪物，叫未知。

有本領，有能力承擔，就不叫負擔。

房間的光就這麼閃爍不定，忽明忽滅。

武士忍不住大聲問著：「到底是怎麼一回事？不是已經沒事了嗎？爲什麼會這樣？」

守護天使回答：「喔！這是因爲你害怕。閃爍不定的燈火，就是你不安的心。」

武士用力拍打著自己的胸膛，大聲地說：「我很勇敢，我是武士，我一向很勇敢，什麼也不怕。」

守護天使平靜地說：「你害怕改變，你害怕未知，你一直恐懼著不知道將來是什麼。」

「我不是膽小鬼！」武士還是爲自己辯護著。

「恐懼不一定是膽小，是擔心。」守護天使還是平靜地說著。

武士不肯承認，他仍然堅持地說：「不！我是一個勇敢的人。」

守護天使繼續緩緩地說著：「失業就讓你恐慌不已，你不知何去何從，不然你爲什麼會失眠？不然你怎麼會在這裡？」

武士啞口無言了，他沒辦法回答。是的，都已經在這裡了，還要爭辯著吹噓著自己勇敢嗎？即使身經百戰，即使經驗豐富，即使年紀不小了，但就是害怕著未來，因爲未來到底會怎麼樣，完全不知道。

最後，武士勉強擠出了幾句話：「我不是害怕失業，我也試著去找新的工作，但是都不適合。這樣子，我是不是要等到瘟疫結束，才能再回到皇宮，爲國王工作？」

他的內心確實害怕未知，害怕不確定，害怕著跟以前不一樣。所以武士希望守護天使能給他個答案。

燈火繼續閃爍著。

守護天使說：「你以爲過些時間，一切就會過去，世界就會恢復原狀？這是不可能的！你也知道，所以你害怕。」

武士終於承認說：「我是有點焦慮。」

「每個人都會恐懼，所以害怕不是問題，但你知道眞正最大的問題是什麼嗎？」守護天使說。

「是什麼？」武士問著。

「是你自己。」守護天使說著。「你恐懼中帶著憂慮和焦躁，原本的自信全被摧毀得分崩離析。害怕被瞧不起，害怕被嘲笑，又不敢承認和面對。」

燈忽明忽滅地更爲快速。

武士默不作聲。

「你害怕妻子、家人和朋友瞧不起你，你害怕左鄰右舍看不起你，你害怕但是又要裝作很堅強，結果內心更爲脆弱。」守護天使說著。

「你害怕這是永遠的改變，再也回不去了。」守護天使繼續說著。「這是事實，但就算回不去了又怎麼樣？重點是，你要不要誠懇地去面對從此以後不一樣的人生。」

「害怕是因爲擔心，擔心是因爲沒看懂，沒想通。」

守護天使繼續說著。

閃爍的光，讓武士覺得頭很痛，無法思考。對於這些問題，是深藏在內心的感覺，他一向不承認，也不想被發現，所以就連最親愛的妻子凱薩琳也不知道他內心的軟弱。

守護天使認眞地說：「你的妻子、家人怎麼會瞧不起你呢？你習慣當個強人，好像自己無所不能，但是這時候爲什麼不能眞心地讓他們明白你的恐慌和不安，讓他們來關心你，安慰你？」

「至於，旁人也在遭受著巨大的改變，大家一樣都很辛苦，誰會看不起你？何況，就算他們看不起你，又怎麼樣？會影響你什麼？」守護天使一口氣說了好多。

武士說話了，他低聲地說：「我承認我恐懼著，那我要怎麼辦？」

「要不要我助你一臂之力？」守護天使說著。

武士嚇得本能地把手舉起護住額頭，他以爲守護天使又要來個猛力撞擊。

但守護天使只是飛得靠近些，輕聲地說：「是接受。只要接受，接受改變，接受新的一切，心就安定了，就沒有什麼好恐懼的。」

武士仍然有疑問：「接受？」

守護天使很堅定地說：「是的，接受。面對然後接受，接受後，你心安了，就可以好好地思考。」

武士說：「眞的！這段時間以來，心一直很亂。我從來都沒有辦法靜下來好好思考過。」

「瘟疫發生，你受到間接影響，有人卻是直接受害，相對之下，你真該慶幸自己的幸運。」守護天使說著。

「幸運？」武士很懷疑。

「是的，因爲瘟疫，有許多人連生命也沒有了，什麼機會都沒了。你是夠幸運的。」守護天使說。

武士想了一下，默認不說話了。

守護天使建議著說：「現在孩子已經長大了，家庭開銷也減少了。薪水比較少的工作爲什麼不能做？」

武士想了想：「學習新的東西，做不一樣的工作，是挑戰，也是新鮮，值得去嘗試。就當自己年輕，重新出發，這是勇氣。」

守護天使又建議著，說：「如果金錢沒有問題，也許可以做些不一樣的事，把時間花在一些慈善公益的事情。」

武士想開了，笑著說：「如果不得已，我也可以將城堡換成小一點的。」

他想著，世界因爲瘟疫而凍結，自己匆促的腳步也因此放緩了，能夠思考未來的人生，眞該慶幸這樣的遭遇其實一點也不糟。

燈火的光不再閃爍了。

整個房間大放光明。武士覺得自己的心也亮了起來，沒有什麼好惶恐的。

第七章

慾望

貪得無饜的怪獸，最後會飢渴的，
開始吞噬自己的尾巴和身體。

上了年紀之後
不改變，不是
不能，是不敢！

他開心得想要高聲歌唱，在這寬敞明亮的大房間裡，武士覺得自己是走出困境了。

但是，才正想要歡呼，突然整個房間旋轉了起來，武士覺得頭都暈了，連站都站不穩。過了一陣子，武士才發現不是房間在旋轉，是因爲眼前出現了五顏六色的光，這些光變換不定，感覺非常絢麗，讓人暈眩不已，五彩的光快速地變幻轉動，使人覺得好像是房間在旋轉。

「這是怎麼一回事？」武士腳步踉踉蹌蹌。

「這是你心最汙穢的部分。」守護天使很認眞地說。

五顏六色的轉動的強光，讓人眼睛都花了，使人迷亂不安。

「這是我的心？」武士不明白。

「是的！這是你貪婪的心。」守護天使堅定地說。

「我不懂！我不是貪婪之人。」武士還是不明白。

守護天使很確定地說：「你怎會不貪呢？想擁有更多的金錢，想擁有更大的城堡，想當更高級的武士，想更富有、更快樂、更榮耀，無止盡地想要，從來沒有停止過。」

武士自信地說：「那不是貪，那是願望，有很多是我應得的，甚至是我贏得的。在這世界上不就是各憑本事嗎？」接著說：「如果我志氣不高，願望不大，那豈不是成了自暴自棄？」

守護天使說：「貪婪就像個巨大的漩渦，只會不斷地吞噬，永遠不會滿足。」

武士堅定地說：「訂下目標，完成後，訂更高的目標，繼續努力追求，這是實踐理想。」

守護天使說：「你在不斷的追求當中，得到了不少，但同時也失去了許多寶貴的事物，你沒感覺嗎？」

武士笑著說：「這怎麼可能？得到就是得到，怎麼會是失去呢？」

守護天使說：「想一想，你的妻子凱薩琳，你還愛她嗎？」

武士說：「當然愛啊！我的努力就是要讓她過得更好的生活。」

守護天使輕聲溫柔地說：「那你了解她嗎？你知道她眞的想要的是什麼嗎？」

以前從來不知道，凱薩琳是怎麼樣過一天的。武士沒有工作之後，他們在一起的時間多了，兩個人之間有了許多的磨擦和爭執，他們開始能體會爲什麼相愛容易相處難。爲了一點小事，他們就吵嘴。武士不明白爲什麼有這樣的轉變，自己跟凱薩琳以前是無話不說，現在好像快變成無話可說，不想說話。

他發現自己沒辦法回答守護天使的問題。

守護天使繼續問著：「想一想，你的兒女，你愛他們嗎？」

武士很肯定地說：「當然愛啊！」

守護天使溫柔地說：「他們的童年你有參與嗎？他們怎麼長大的？你了解他們嗎？」

武士依稀記得孩子們小的時候，他常常把他們高高地舉起放在肩膀上，讓孩子們把他當馬騎，或者用鬍渣扎他們，用手指搔他們癢，逗得他們哈哈大笑。

後來呢，就沒什麼記憶和印象了。不知怎麼會這麼快，孩子就長大了。

他現在有很大的情緒挫折，就是因爲跟女兒溝通不良，跟兒子無法溝通。

原來總覺得自己很厲害，認爲自己是個了不起的武士，建立了一個幸福美滿的家。他嘆了一口氣：「到現在才明白，我根本不是一個好爸爸。」

守護天使問：「你有幾個眞正的好朋友？那種可以講眞心話的朋友。」

武士想著，想回答又停頓了一下，說不出話來。

守護天使又說：「你的父母呢？你忙得幾乎忘記了他

們的存在。你有多久沒有去探望他們了？」

武士一聽立刻用雙手掩住了自己的臉，他又想哭了。

守護天使說：「你失去的可多著呢！得失常常不是一時的事，要經過時間的驗證和總結，才知道結果如何。」

武士啜泣了起來。

「如果哭，對你有幫助，那就哭吧。」守護天使說著：「追求慾望就像那狗兒在追逐著自己的尾巴，認眞又起勁，全然不知自己是不斷地在轉圈圈。」

武士哭著說：「那我該怎麼辦？」

守護天使說：「聆聽吧！觀看吧！用心地聽，用心地看，你自會明白。俗諺說，要對人生知足，世界並沒有欠我們什麼。」

第八章

觀看

普羅大眾是一本書，
眾生群相不斷地在解說人生。

人生的成功失敗很難定義，但是快不快樂非常清楚明白。

武士對守護天使說：「你欺騙我，你說我沈默專注就會聽到心的聲音，我就可以和心對話。可是到現在爲止，我始終沒有聽到。」

守護天使笑著說：「你眞的有一點蠢！我是你的守護天使，也就是你的內心，你跟我對話了那麼久，還沒感覺嗎？」

武士不服氣地說：「那你爲什麼說你是天使，你有法力嗎？」

「當然有。不然我怎麼敢自稱是天使！」守護天使的小手一揮，他說：「你看看，這是哪裡？」

武士發現自己又回到了浴室，就在浴室裡，仍然站在鏡子的前方，這真是太不可思議了。

武士高興地說：「我已經脫離惡夢，脫離困境了嗎？」

「不！你還需要思考一些事情。」守護天使又把手一揮，鏡子變得更大，鏡面上出現了好像是街頭上的景象。

守護天使說：「你認眞地看吧，只要你用心，一定會看懂什麼。」

武士決定坐下來，專注地觀看。靜靜地，沈默地一句話也沒說，也因爲如此，眼前的畫面變得格外清晰。

看著，來來往往的人們，眞是什麼樣的人都有。有商賈，有工人，有夫妻，有一家人，有老年人，有年輕人，有街頭小販，甚至乞丐。看到了衣著光鮮亮麗，但也看到衣衫襤褸，有年輕的美女帥哥走過，也有著老弱婦孺路過，看著一家人和樂開心幸福的景象，看著情侶相互依偎甜蜜的模樣，還看到有人爲了生活工作奔波、行色匆忙的樣子，更看到有人不知爲了何事愁容滿面的神情。

看到微笑，看到沮喪，看到匆忙，看到茫然，看到滿面笑容，看到滿頭大汗，看到幸福洋溢，看到面無表情。在這麼多人當中，武士好像看到了自己過去的身影，也好像看到了自己未來的模樣。

他看到了自己擁有的，也看到自己沒有的。發現自己曾經以爲的成功似乎沒有什麼意義，而長時間被忽略的生活卻是最重要的。一幕幕的過去影像在眼前出現，一幕幕未來的幻影也接續浮現。在這過去、現在、未來的時間軸上，他看懂了許多！

透過這一面魔鏡，讓他觀看著生命的長廊，他的心思不斷在回憶與現今之間擺盪，靜下心來之後，他明白了，因爲在這悠悠的時間裡，他看到了人生百態。

他突然想起了他的兒女，他們現在開心快樂嗎？他們記得他們的童年嗎？他們的童年快樂嗎？他遺憾自己當時陪伴他們的時間不夠，那段時光太短暫了，太快就過去了，而且再也沒有辦法彌補。

他也想起了年邁的父母，他們現在好嗎？他們在做什麼呢？以前自己常常忙得忘了他們，現在不忙也沒想到他們，做爲一個被養育長大的兒子，自己實在太不應該了，眞是愧疚極了。

「我懂了。」武士說。

「不要又是想哭。」守護天使說。

「有一點。」武士說。

「你變得多愁善感了。」守護天使說

「不！我是想懺悔。」武士很認眞地說。

「懺悔？懺悔什麼？」守護天使有些好奇。

「懺悔自己以前的自以爲是，懺悔自己的無知。」武士

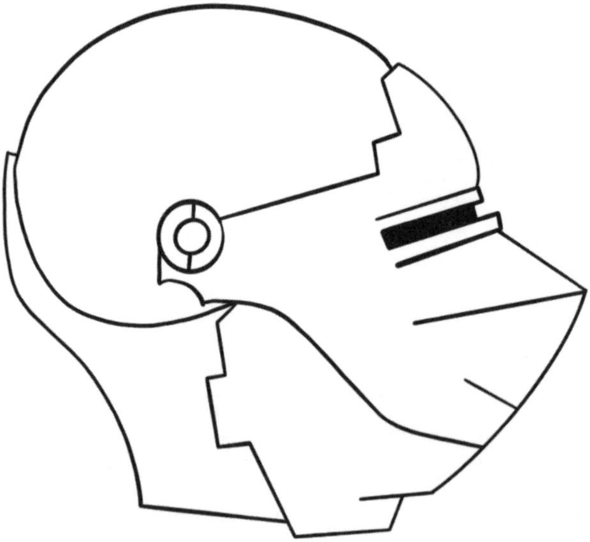

感嘆地說。

「什麼自以爲是？什麼無知？」守護天使更爲好奇。

「對人生的自以爲是，對生命的無知。」武士用手敲敲自己的腦袋瓜。

「好棒！你眞的改變了。」

第九章

明白

庸庸碌碌的人並不是因爲懶惰造成，
是不知道自己在忙什麼。

這時守護天使又把小手一揮，武士發現自己不在浴室了，而是在一棵大樹下。

「這裡是？」武士搞不清楚這是什麼狀況，他問著。

「你看。」守護天使說：「他們很忙。」他指著地上。

大樹底下有一群螞蟻，牠們正在辛勤地工作，找尋食物、搬運食物，每一隻螞蟻看起來都長得一樣，每一隻螞蟻都很認眞地在工作。

武士突然想到自己曾經也好像是一隻螞蟻，不停地工作，沒有思考，只是努力地工作。但如果人跟螞蟻有所不同，那就是人有思想，而螞蟻沒有。

失業確實是一件特別的事情，但是對於螞蟻來說，並沒有失業也沒有退休這些事情，牠們一直工作到死亡，牠們一生之中只有工作，除了工作還是工作。

武士覺得自己很幸福，因爲自己是個人，不是螞蟻，可以思考，可以選擇，可以安排，可以決定自己想要的人生內容，就這麼，擁有了自由。

他忍不住對著螞蟻講話：「眞辛苦啊，你們有過快樂嗎？」

螞蟻忙著搬運食物。

守護天使說：「牠們很忙。」

武士又問：「你們知道自己是誰嗎？」

螞蟻還是忙著搬運食物。

守護天使說：「牠們眞的很忙。」

武士繼續問著：「身邊的人都長得一模一樣，那是什麼感覺啊？」

螞蟻繼續忙著搬運食物。

守護天使說：「牠們非常非常的忙。」

武士很好奇，他說：「你們不會覺得害怕嗎？」

武士對這個問題眞的充滿著想像，想一想，就在身邊眼前，有長得完全一樣的一大群人在做著同樣的事情，那是多麼可怕的景象。

很多人都佩服螞蟻的勤勞，甚至有人歌頌著螞蟻的精神。但是武士這時卻領悟到，如果人就像是螞蟻一樣，一直忙碌地工作到死亡，那是什麼樣的人生。

守護天使笑著說：「牠們眞的很忙。」

他再揮了一下小手，武士又回到了浴室裡，那明亮寬敞的浴室。

武士認眞地對守護天使說：「我不想活得跟螞蟻一樣，沒有思想，只是孜孜不倦地努力工作，拚命地賺錢存錢，想要累積更多的財富，以爲那是成就，以爲那是成功，結果明明生爲一個人，卻過了昆蟲的一生。」

守護天使說：「耶！你看懂了，明白了，我也可以離開了。」

「離開？」武士問。「去哪裡？」

「喔，我是你的守護天使，永遠都在你身邊，但是我要回到你心裡去了，記得保持心的寬敞明亮，讓我住得舒服些。」守護天使笑著說。

沒等武士回答，「咻」地一聲，守護天使不見了。

第十章

覺悟

認知影響想法，想法產生做法，
做法確定選擇，選擇決定命運！

生活沒那麼簡單，但生命沒那麼複雜。面對和接受，生

活自然安然，
看懂和想通，
生命安然自然。

既然在浴室，武士決定痛快地徹底地洗一個澡，把鬍子刮乾淨，讓整個人煥然一新。泡在浴缸裡，是很舒適的，也是很好的思考時刻，瘟疫的疫情只是一個比較漫長的寒冬，它不會是永遠。健康快樂的人，肯定可以熬得過這樣的艱難處境。

躺在浴缸裡，武士突然覺得自己心裡有一股衝動，想說些什麼，或者說是有一個想法，他決定起身拿紙筆把它寫下來。

武士寫出了一些話語，將它排列之後，還眞像是一首詩。

〈鏡子〉

以前

我在鏡子裡看見我

充滿朝氣活力

眼神裡懷抱著希望

嘴角上掛著笑意
總不忘和自己打招呼
現在
我在鏡子裡看見我
神情憔悴疲憊
一副傷痕累累的狼狽姿態
嘴角上掛著無奈
很不願意多看自己一眼
鏡子裡看到的哪一個是我？

哪一個是眞正的我？
站在鏡子前凝視著裡面的人
竟然發現他也正凝視著我
嘴角掛著一絲冷笑
毫不保留地嘲笑著我

寫這首詩，他是在提醒自己。

寫完詩之後，有一種非常快樂的感覺，並不是因爲覺得自己是個詩人，而是想寫就寫是一種快樂，好像是在跟自己聊天，然後把心裡的想法和感覺寫了出來，整個人都舒暢了。

他回想起年輕的時候追求妻子凱薩琳，也曾經爲她寫了幾首小詩，不知道凱薩琳是否還保留著，之後問問她，也許還找得到，那一定很有意思。

他接著又寫。

〈自在〉

我喜歡自己一個人，
唱歌，自己唱給自己聽，
跳舞，自己跳給自己看，
從早到晚，說話給自己聽，
或者一句話也不說，給自己一段安靜。
這樣的一個人，大家稱爲瘋子，
但卻是全世界最快樂的人。

我喜歡活在人群裡，
唱歌給傷心的人聽，
跳舞給難過的人看，
不管白天黑夜，說笑話、說故事讓大家高興，
或是安靜聽別人說話也很開心，
這樣的一個人，不管別人怎麼想，
是我自己喜歡做的那種人。

自己一個人很快樂，

和大家在一起也很快樂。
我喜歡當瘋子，也喜歡作呆子，
不管別人和我一樣不一樣，
我就是喜歡自己的自在。

這首詩是寫給自己看的，是武士自己的渴望，希望從此可以走出陰影，眞正擁有自我，成爲一個自在的人。

第十一章

旅程

進或退是方向認定上的說法，
結束或開始是心理認定上的問題。

最漫長的黑夜過去，武士滿心等待著日出，等待著妻子凱薩琳從清晨裡醒來，那是全新一天的開始。

他有好多的領悟要和凱薩琳分享。

天亮。

人生再一次的出發。

後記

每一天都是重新開始，
每一次都是從心開始。

武士的兒子傑克跟父母說，他和朋友決定到遠方的城市去定居，因爲那裡藝術人士多，創作氣氛濃，是一個藝術的城市，做爲一個畫家，他想要有更大的突破和發展，就應該住在那裡。孩子長大了，成人了，他們決定他們自己的人生，當他要去追求理想夢想，做父母的也只能祝福。所以，兒子離開了，去了遙遠的他鄉。

武士的女兒安娜和她的好朋友在城裡合夥開了一家餐廳，因爲他們經營得很用心，烹飪的手藝又好，生意非常忙碌。武士和妻子偶爾也會到餐廳去光顧，也只有那個時候才可以看到女兒，因爲餐廳生意很好，平常壓根不可能回家，所以做父母的只能到餐廳吃飯，順便去看她。去了，還要看那時的生意忙不忙，人手夠不夠，女兒才有可能跟他們聊上幾句，孩子長大了，就是這樣。

武士也常和凱薩琳找時間回去家鄉看父母，因爲他知道自己既然會想念著孩子，父母同樣想念著他們的孩子，所以回老家也是給父母看，一方面是關心他們，一方面是讓他們不要掛念，讓他們安心、快樂。有人關心和有人可以關心是同樣重要的事情，而武士已經充分地了解。

（只有無趣的人，才會認爲生活無趣，只有無聊的人，才會覺得人生無聊，這純粹是個人想法看法的問題。生命中無論順境或逆境，各種酸甜苦辣鹹都是滋味，品嚐它，感受它，甚至是享受它，然後繼續地走在路上。）

每個人都有一條自己的路，你是走在路上，還是被路帶著走？人生，不該總是眺望著遠方，而忽略了現在，有空何不多看看四周的風景，有時更該看看腳底下的道路，可別讓大石頭給絆著了，至於邊走邊吹著口哨踢著小石子，偶而爲之，也是路上的樂趣。

Organic 活力03

離桌武士

作者：黃登漢
插畫：daisy ho
主編：林慧美
校稿：尹文琦
設計：蕭士淵

國家圖書館出版品預行編目（CIP）資料

離桌武士　黃登漢著——初版
——苗栗縣竹南鎮：木果文創，2021.05
192面　；　14×20公分——（Organic 活力；3）
ISBN 978-986-99576-2-5（平裝）

191　　110005323

發行人兼總編輯：林慧美
法律顧問：葉宏基律師事務所
出版：木果文創有限公司
地址：苗栗縣竹南鎮福德路一二四之一號一樓
電話　傳真：（〇三七）四七六－六二一一
客服信箱：movego.service@gmail.com
官網：www.move-go-tw.com

總經銷：聯合發行股份有限公司
電話：（〇二）二九一七－八〇二二
傳真：（〇二）二九一五－七二一二
製版印刷：禾耕彩色印刷事業股份有限公司
初版：二〇二一年五月
定價：三二〇元

ISBN　978-986-99576-2-5